Made in the USA
Monee, IL
05 December 2020

51093957R00056